Lied der Jahreszeiten

Bibliografische Information der Deutschen Nationalbibliothek:
Die Deutsche Nationalbibliothek verzeichnet diese Publikation in der Deutschen Nationalbibliografie; detaillierte bibliografische Daten sind im Internet über http://dnb.dnb.de abrufbar.

ISBN: 978-3-7494-3243-1
© 2019
selfpublishung
Zweite überarbeitete Auflage
Titelfoto ©Margret Silvester
Alle Rechte bei der Autorin

Herstellung und Verlag: BoD – Books on Demand, Norderstedt

Faunsflötenlied
Ich glaube an den großen Pan,
Den heiter heilgen Werdegeist;
Sein Herzschlag ist der Weltentakt,
In dem die Sonnenfülle kreist.

Es wird und stirbt und stirbt und wird,
Kein Ende und kein Anbeginn.
Sing, Flöte, dein Gebet der Lust!
Das ist des Lebens heilger Sinn
.

*Otto Julius Bierbaum *1865 +1910*

*Für Jule
und Rüdiger*

Lied
der
Jahreszeiten

Dritte überarbeitete Auflage

Margret Silvester

Inhaltsverzeichnis

Winter

Still wartend,
dass das Licht geboren wird,
doch zweifelnd noch in dieser Zeit

I

In einer Zeit, die zwischen Zeiten liegt,
in der schon eine Kerze viel erhellt,
in der das weite Himmelszelt
sich eng an Mutter Erde schmiegt,

in dieser Zeit, mit Winterluft so klar,
die manches Herz zum Schweigen bringt,
in der nur leis im Traume klingt,
was sommers warm und sinnlich war,

in dieser Zeit soll keiner einsam sein,
denn Freude wird vermehrt durch viele
und bricht die längste Nacht herein,

steht alles still und hält den Atem an,
wartet auf aller Nächte Ziele,
schauend nach Osten dann und wann.

II
In Breiten, die das Licht vergessen haben,
verlernt ein Kind das Lachen früh,
und haben Eltern mit viel Sorg und Müh
zuerst die eignen Sorgen zu begraben.

Wenn statt der hellen Sterne Glänzen
vom Himmel tausend Tode reiten,
lässt sich in diesen dunklen Breiten
die Zahl der Wunder stark begrenzen.

Da hilft der Glaube an ein Leben
jenseits des Dunkels zu erwarten.
Und spürt dann doch die Erde beben.

Die Große Mutter netzt mit Tränen,
ihren einstmals schönen Garten,
der längst besetzt ist von Hyänen.

III
Wo Träume unter Schnee begraben,
wo wilder Schwäne letzte Reise ist,
wo sich der Große Bär vergisst
im langen Schlaf, bewacht von Raben,

wo selbst die Bäche Starrsinn zeigen
und nicht mehr durch die Felder eilen,
sondern bizarr in Eis verweilen
und sich vor Vater Frost verneigen,

da kann nur Leben überstehen,
das mindestens das eine weiß:
Der Winter wird vorüber gehen.

Die Schwäne werden wieder fliegen,
denn ganz gewisslich schmilzt das Eis.
Und Vater Frost wird unterliegen.

IV

Die Kälte sich im Eiswind wiegt;
sie fühlt sich groß, denn sie ist stark.
Sie weiß, sie dringt durch Bein und Mark.
Das ist die Sache, die ihr liegt.

So manche Kälte macht sich breit.
Sie trennt mit ihrem scharfen Stahl,
was ihr die Chance gibt - allemal.
Sie weidet sich an diesem Leid.

Sie ist besessen von der Macht,
die alles, was sich mag, verdirbt,
nur vor einem hat sie Acht:

Dem Feuer, das im Herzen brennt.
Es macht, dass diese Kälte stirbt,
an jedem Ort, wo man es kennt.

V

Dort spannt ein Himmel sternenklar,
der überwindet Raum und Zeit,
belächelt jeden Erdenstreit,
weiß nichts von Stunde oder Jahr.

Egal, ob unter ihm die Meere
Verderben oder Freude bringen,
ob Vögel nicht mehr länger singen,
ob auf den Feldern toter Heere

der Krieger Körper bald erkalten;
ob Küsten schwinden, Städte sinken,
und Kinderstimmen längst verhallten.

Was kleiner Menschen Träume sind -
der Himmel lässt die Sterne blinken
und ist fürs Erdenleben blind.

VI
Vom Großen Bär bis Sirius,
von Venus bis zum Orion,
vom Widder bis zum Skorpion,
von Magellan bis Pegasus

vertrauen wir den Schicksalsboten;
wir hoffen auf die Hohen Mächte
und beten uns durch lange Nächte.
Zum Schluss beklagen wir die Toten.

Wir suchen lange nach der Schuld
und brauchen doch nicht weit zu gehen,
uns fehlt es einfach an Geduld,

an Liebe und an Freundlichkeit.
Denn diese Erde lässt geschehen
und weiß: Ihr bleibt die Ewigkeit.

VII
Mit andrer ferner Sterne Gruß
entsteht ein Bild von neuem Leben,
das treibt an zu großem Streben
und hat weder Hand noch Fuß.

Ferner Sterne Glanz und Glitter
so wunderbar ihr Licht uns scheint,
wertvoller noch als sie vereint
ist ein einzig Erdensplitter.

Wir Erdenkinder wären wohl geborgen,
beschützt, umhütet Tag und Nacht,
wenn gute Mächte uns umsorgen.

Die Feenkatzen - sie sind noch vorhanden,
doch Kälte hat es mitgebracht,
dass sie den Weg nicht zu uns fanden.

VIII
Den Bogen weit und wunderbar,
den spannten sie in warmen Zeiten.
Sie kamen, um uns zu geleiten
und führten uns durchs Erdenjahr.

Wir haben eine böse Saat gesät,
die alles Licht verlöschen ließ,
vernichtet ward das Paradies
und unsere Erde abgemäht.

Dummheit zähmte wilde Flüsse
in Kanäle eng und schmal,
achtete nicht der Regengüsse,

die die gezähmten Wassermassen
in dem ungeschützten Tal
zu hohen Wellen wachsen lassen.

IX

Ich stehe hier inmitten einer Nacht,
die Ufer aller Flüsse fortgespült,
die Meere tief und aufgewühlt -
und höre, wie das Dunkel hämisch lacht.

Nach Westen fuhr das letzte Schiff;
ich sah mit ihm das Feuer untergehen,
sah seine Segel flatternd wehen
und sah zugleich das Felsenriff,

das rettend sich bedrohtem Leben bot.
Mag Wasser kurz auch tragend sein -
der Fels ist ein Stück Erde in der Not.

So klammert sich das bisschen Leben
ganz fest an schroffes Felsgestein
und hat noch nicht ganz aufgegeben.

X
Still wartend, dass das Licht geboren wird,
festhaltend an dem Fels der Einsamkeit.
Da tritt aus ferner Dunkelheit
ein Funke, der die Nacht durchirrt.

Ein Flämmchen nur, noch zart und klein,
es braucht zum Schutze unsre Hände,
wie schnell fände es sein Ende,
ließen wir es dort allein.

Wie viele Leben enden vor der Zeit,
wie viele Träume werden niemals wahr,
wie vielen fehlts an Herzlichkeit.

So flüstert mir der Winterwind:
Es war doch nur ein gutes Jahr,
wenn *alle* satt geworden sind.

XI

Ein sanfter Schnee bedeckt mich sacht,
er hüllt mich ein in viele Decken.
Lasst mich bitte nicht erwecken,
bevor die Erde nicht erwacht.

Wenn sich die Bienen, Schlangen, Bären
zum Winterschlafe niederlegen,
wenn sich die Blätter nicht mehr regen,
soll auch der Mensch den Schlaf nicht wehren.

Es gibt für alles gute Zeiten:
Will man die Erntefrüchte pflücken,
muss man den Boden wohl bereiten.

Man muss den Samen in die Erde bringen
und vieler kalter Nächte Tücken
bestehen; dann kann es wohl gelingen.

XII

Die Nacht lass ich an mir vorüberziehn
mit ihren Schrecken, ihrem kalten Hauch,
mit ihrem nimmersatten Bauch,
der alles um mich zu verschlingen schien.

Die Dunkelheit verschluckt in ihrer Gier
den Freund, den Feind, das warme Licht.
Um Grenzen kümmert sie sich nicht,
ihr Flügel wächst bald dort, bald hier.

Die Mythen, die sie stets begleiten,
sind leider alle nur zu wahr.
Die auf Dämonenpferden reiten,

sind stets bereit, das lichte Leben
allein durch ihre große Schar
mit Leichentüchern zu beweben.

XIII
Ich dreh die Hände nach dem frühen Wind
und wehre so die ärgste Dunkelheit
von unsrer Insel in der Einsamkeit,
auf der wir heute noch am Leben sind.

Der Gier der Nacht, die immer weiter frisst,
stellen wir uns so gut wir es vermögen;
wir spannen straffer unsre Lebensbögen
und greifen, wenn nichts hilft, zu einer List:

Am Inselufer zünden wir die Feuer,
damit die Schatten endlich weichen.
Geschlagen scheint das Ungeheuer.

Es müssen tausend Feuer wie ein Feuer sein
und tausend Seelen sollen sich die Hände reichen
zum Tanze in des Lichtes Feuerschein.

XIV

Im Morgenlicht seh ich die Schatten fliehn,
nun weiß ich, dass das Leben neu entsteht,
dass, was entfacht war, immer weiter geht,
auch wenn es lange Zeit unmöglich schien.

Noch einmal droht im frühen Morgendämmer
kurz die Gefahr. Es ist so bitterkalt.
Zusammenrücken gilt für Jung und Alt,
für Maus und Katze, Wolf und Lämmer.

Wie schnell kann so ein Leben sterben,
wenn man die Feindschaft aufrecht hält.
Wie schnell zerbricht ein Glas zu Scherben.

Doch hält die Erde jetzt für uns bereit,
was mit der Liebe sowohl steht als fällt
in einem Dämmerlicht der Zwischenzeit.

XV

In einer Zeit, die zwischen Zeiten liegt,
in Breiten, die das Licht vergessen haben,
wo Träume unter Schnee begraben,
die Kälte sich im Eiswind wiegt.

Dort spannt ein Himmel sternenklar
vom Großem Bär bis Sirius
mit andrer ferner Sterne Gruß
den Bogen weit und wunderbar.

Ich stehe hier inmitten einer Nacht,
still wartend, dass das Licht geboren wird.
Ein sanfter Schnee bedeckt mich sacht.

Die Nacht lass ich an mir vorüberziehn.
Ich dreh die Hände nach dem frühen Wind.
Im Morgenlicht sehe ich die Schatten fliehn.

Frühling

Was sich solang
in einem Traum befand, es wacht jetzt auf
und schmiedet neue Pläne

I

Im Morgenlicht seh ich die Schatten fliehn;
ein Abschied, doch er fällt nicht schwer.
Die Helligkeit wird mehr und mehr
und Hoffnung, die am Horizont erschien,

wärmt unsre Körper, unsre Seelen,
weckt die erstarrten Gärten wieder auf,
verspricht dem Leben einen neuen Lauf
und lässt es nicht an Zuspruch fehlen.

Die Schäden, die wir nun entdecken,
sie wirken klein vom Firmament,
von Nahem können uns erschrecken.

Doch wer das Dunkel überstehen kann,
wer sich zum Leben neu bekennt,
der packt mit allen Kräften an.

II

Sie stürzen in die aufgetauten Seen und Bäche,
die Schatten, die uns heute noch erschrecken,
klare Wasser mögen ihre Wunden lecken.
Doch Eis ist trügerisch auf seiner Fläche,

die hier und dort noch Dichte misst.
Auch wenn es uns manchmal so scheint:
Nicht immer ist der kurze Weg gemeint,
wenn von dem besseren die Rede ist.

Im schnellen Lauf und nebenbei
die Schäden zu beheben,
gerät sehr oft zur Narretei.

Was oberflächlich wieder hergestellt,
kann im Verborgnen weiterweben,
sehr zum Schaden unserer Welt.

III
Am Neubeginn zahlt Dunkelheit die Zeche,
wenn alle Leben wie ein Leben wirken,
wenn Linden, Tannen, Eichen, Birken
wenn jede wilde Wiesenfläche

Nahrung zum Werden und Bestehen
ausreichend zur Verfügung hat,
dann wächst stetig Gras und Blatt
und aller Hunger wird vergehen.

Denn wo das Grün sich weit erstreckt,
wo es gesund wächst und gedeiht,
dort ist der Tisch auch gut gedeckt.

An solchem Ort kann neu beginnen,
was vorher noch dem Tod geweiht.
Die Dunkelheit kann nicht gewinnen.

VI
Sie kann nicht einfach unbehelligt ziehn,
die Angst und Schrecken einst verbreitet,
auch ihr wird jetzt der Weg bereitet,
der als der einzig gangbare erschien.

Gezwungen in der Zuflucht letzter Kammer,
in tiefer Nacht nur darf sie heim sich wähnen.
Darf sich nicht strecken, sich nicht dehnen,
sie ist gefangen in des Lichtes heller Klammer.

Mit einem Wort: Es triumphiert das Leben,
aus allen Winkeln brichts heraus
und will nur eins: Zum Lichte streben.

Ob Grenzen, Mauern, Barrikaden:
kein Hindernis macht ihm was aus.
Es greift sich fest am Lebensfaden.

V
Die warmen Herzen erhöhen ihren Schlag,
nicht länger mehr sind sie gewillt zu warten,
es findet sich bei allen Wesensarten
auch immer eines, das den andern mag.

Wenn Zwei sich finden, es gemeinsam wagen,
mit ihrem Körper, ihrem eignen Leben
dem neuen Werden Atem einzugeben -
müssen sie auch die Folgen tragen.

Es könnte sein, dass später sich ergibt,
was in diesen ersten Stunden,
wenn alles fühlt und alles liebt,

ein wildes Herz noch nicht bedacht.
Und doch ist jeder dran gebunden,
hat er sein Saatgut eingebracht.

VI

Sie werden laut, sind nicht zu überhören,
die Stimmen, die es immer besser wissen:
Lasst euch doch nicht von ein paar Küssen
und erster Sonne so betören!

Das Nest muss bestens vorbereitet sein,
die Kissen warm und dazu wohlgefüllt,
die Höhle nützt erst schutzumhüllt
und dichtes Blattwerk braucht der Hain.

Wie soll die Frucht, ist sie erst mal entstanden,
ganz ohne Zukunft zum Vollkommnen reifen?
Besser wärs, sie wär dann nicht vorhanden.

Es ist nicht eins: Begatten und Begehren,
den Sinn und Zweck soll man begreifen
und sich mit großer Sorgfalt nur vermehren.

VII

Grüne Spitzen sprießen an den Föhren,
an jedem Baum und jedem kleinen Strauch,
selbst zwischen Mauern wächst ein feiner Hauch
von zartem Grün und will dazugehören.

Der Plan, der dem zugrunde liegt, ist klug,
das wird wohl keiner ernst bestreiten;
doch gibt es immer wieder Zeiten,
da ist es manchem nicht genug.

Anstatt sich in die Zeit zu fügen
und mit den Zeichen eins zu sein,
beginnt der Mensch, sich zu belügen

und er verfällt dem Größenwahn;
ist sein Geist auch noch so klein -
was machbar ist, wird auch getan.

VIII

Und heller wird es Tag für Tag.
Es beginnt die immer neue Reise
nach alter wohlbekannter Weise,
neugierig, was geschehen mag.

Wer diese wunderbare Melodie erhört,
der kann sich ihr wohl kaum verschließen,
dem kann die Seele nicht verdrießen,
auch wenn es manchen Wirrkopf stört.

Es sind die alten Lebenslieder,
es ist das uralte Gesetz
der Arterhaltung immer wieder.

Wer sich ihm in die Quere stellt,
wer dieses Ziel gar grob verletzt,
geht ohne Spuren aus der Welt.

IX

Der Schnee hat seine Grenzen hochgezogen,
wird sich dem Lichte niemals ganz ergeben.
Für lange Zeit ist es jetzt sein Bestreben,
Wache zu halten unterm Himmelsbogen.

Nur an mit Übermut gehäuften Tagen,
wenn sich die Sonne in den Wolken birgt,
wenn auch der Wärme Kraft nicht wirkt,
wenn mit viel Lärm der Widderwagen

unter diesem Himmelsbogen fährt,
dann schickt der Schnee auch seine Boten,
dass sich das Chaos hier vermehrt.

Seine Flocken lässt er wüten,
wirbeln nach den wilden Noten.
Und er verdirbt zu frühe Blüten.

X

Er lässt nur hier und da noch einen Rand,
ist schnell gekommen und schon wieder weg.
Zurück bleibt nur ein Haufen Dreck
im vormals tief verschneiten Land.

Wenn auch der Schmutz zu guter Letzt
entschwunden ist aus Auge und Gedanken,
wenn grüne Finger ungehindert ranken,
wenn morgens Tau die Gräser netzt,

dann gibt es für das Werben gar kein Halten,
die Luft ist voll von Freude und Gesang,
es stimmen ein die Jungen wie die Alten.

Aus jeder Quelle, jedem Fluss und Ozean
erhebt es sich mit vieler Stimmen Klang.
Alles ergibt sich jetzt dem großen Plan.

XI

Von Süden kommen Vögel heimgeflogen
und bauen zwischen Zweigen sich ihr Nest;
die Winde macht die ersten Blätter fest
und hat sich schon zur Linde hingebogen.

Kein Fleckchen mehr ist frei von Leben,
das atmet, flattert, läuft und frisst,
das ständig in Bewegung ist
und von dem jungen Grün umgeben.

Und andrerseits kann hier nichts existieren,
von Freiheit ausgeschlossen und allein;
es kann nur jämmerlich verlieren.

Wenn nur ein Leben hinter Gittern klagt,
trügt jeder noch so schöne Schein;
dann haben alle wohl versagt.

XII

Und aus der Haut der Erde bricht sich Bahn,
was gestern noch darin geschlummert hat.
Gewürm und Käfer machen Igel satt
und passen deshalb ebenso zum Plan.

Denn was den einen ins Entsetzen treibt,
ist für den anderen das nackte Leben;
im Kreislauf muss ein jeder das hergeben,
was zum Erhalt dringend geboten bleibt.

Wer diesen Kreislauf unterbindet,
der stört nicht nur das Gleichgewicht,
in dem er selbst sich wiederfindet.

Und mag es vordergründig gut erscheinen,
oft ist es dies doch nur auf kurze Sicht,
zu spät wird man es dann beweinen.

XIII

Was sich so lang in einem Traum befand,
es wacht jetzt auf und schmiedet neue Pläne,
es baut den Bogen, spannt die Sehne
und wagt sich an des wilden Wassers Rand.

Der Lebensmut - gestern noch unterbunden -
wächst und wird groß und handelt ungehemmt.
Kein Risiko ist ihm mehr fern und fremd
er hat den eignen Lebensweg gefunden.

Die helle Flöte spielt hoch in den Bäumen,
sie singt und lockt und lässt die Tauben girren
und weckt die letzten auf aus ihren Träumen.

Am Wasserfall, der jetzt unbändig tost,
werden warme Leiber sich verirren,
während das klare Wasser ihre Körper kost.

XIV

Ein Blütenmeer in einem Farbenwahn,
es zeigen Knospen sich auf jedem Zweig
und aus der Erde sprießts wie Fingerzeig;
am Himmel formt der Mond den Silberkahn.

Vogeljunge schlüpfen aus den Schalen,
und in süße Kelche tauchen Hummeln,
während im Wiesengrün sich Hasen tummeln
und Raupen Schmetterlingen Flügel malen.

Feenkatzen schleichen durch die Wälder,
sie werden kaum gesehen, kaum gehört;
Krähen fliegen auf die frisch gesäten Felder.

Die Sonne weitet ihren Strahlenkranz,
die Lerche hat die Nachtigall betört,
dem Leben selbst wird aufgespielt zum Tanz.

XV
Im Morgenlicht seh ich die Schatten fliehn,
sie stürzen in die aufgetauten Seen und Bäche.
Am Neubeginn zahlt Dunkelheit die Zeche;
sie kann nicht einfach unbehelligt ziehn.

Die warmen Herzen erhöhen ihren Schlag,
sie werden laut, sind nicht zu überhören;
grüne Spitzen sprießen an den Föhren
und heller wird es Tag für Tag.

Der Schnee hat seine Grenzen hochgezogen;
er lässt nur hier und da noch einen Rand,
von Süden kommen Vögel heimgeflogen.

Und aus der Haut der Erde bricht sich Bahn,
was sich so lang in einem Traum befand:
Ein Blütenmeer in einem Farbenwahn.

Sommer

Dem langen Tage
folgt jetzt keine Nacht; manch
heißes Herz kommt nicht zur Ruhe

I

Ein Blütenmeer in einem Farbenwahn -
in seinem Duft, in seinem Rausch ertrinken,
in seinem weichen Untergrund versinken,
seit vielen tausend Jahren hat man dies getan.

Betäubt von wildem Thymian und Rosen,
von Lilien, rotem Mohn und Akelei,
bekränzt von Tausendschönchen und Salbei,
gebettet weich auf Bärlauch und Mimosen.

Dem langen Tage folgt kaum eine Nacht,
manch heißes Herz kommt nicht zur Ruh,
es fühlt den Hunger, den die Liebe macht.

Die laue Luft umschmeichelt warme Haut,
der Farn deckt Nacktheit dürftig zu,
das Blut pulsiert sehr schnell und laut.

II
Mit ihm beginnt, was einmal enden muss.
Die Tollheit ists, die alles jetzt regiert,
die selbst so manch Vernünftigen verführt
mit ihrem schnell getauschten Liebeskuss.

Es wird zu dieser Zeit nicht erst geklärt,
ob das Entfachen eines Feuers sträflich sei
und ob der Flammenschein so nahebei
den klaren Blick nicht stark verwehrt.

Nein, hier tobt sich aus, wers kann,
lässt den Gefühlen seinen freien Lauf
und denkt nicht mal im Traume dran.

Ist wildes Feuer erst einmal entfacht,
dann hält es so schnell keiner auf,
es hat sich zündelnd breitgemacht.

III
Der Sonnenball mit seinem heißen Kuss
entzündet schnell und ohne Vorbehalt
den Busch, den Baum - oder den ganzen Wald.
Verdorben sind die Kiefer und die Haselnuss.

Uralte Bäume werden Opfer dieser Flammen
und die hier hausen, sind dem Tod geweiht;
zum Fliehen ist kein Ort und keine Zeit,
angstvoll rücken sie ganz nah zusammen.

Ob sie nun krähen, kreischen oder fauchen
im letzten Schrei - einstimmig ist der Chor,
wenn sie verbrannten Atem hauchen.

Auf kahlem Boden bleibt verkohlt
zurück, was noch am Tag zuvor
sich ein Stück Leben aus dem Wald geholt.

IV
Begleitet nun die weitere Lebensbahn,
was sich dem Flammentod entzog,
indem es höher noch als Funken flog:
Hier der Adler, dort der wilde Schwan.

Auf ihren breiten Schwingen gleiten
sie durch rußgeschwärzte Lüfte,
unter sich die Länder, Berge, Klüfte,
über sich die blauen Himmelsweiten.

Obgleich noch letzte Flammennester glühen,
der Schrecken bleich in den Gesichtern steht,
beginnt das Leben wieder neu zu blühen.

Notwendig ist der Sonne helles Licht,
die Erde stirbt, wenn dieses Licht vergeht,
doch ein Zuviel davon bekommt ihr nicht.

V
Der Tageshitze folgt die Nacht mit Schwüle,
es locken wilde Wasser ein zum Baden.
An fremden Ufern, stillen Seen und Gestaden,
entwickeln sich entfesselte Gefühle.

Das Unbekannte ist es, wonach alle gieren,
süß ist doch nicht die Frucht am eignen Baum.
Jenseits des Flusses wartet unser Traum,
in dem wir uns dann hoffnungslos verlieren.

Rot ist der Mond, der über Schläfern wacht,
es fällt sein Licht durch üppig grüne Bäume
und mit den Sternen teilt er die kurze Nacht.

Der volle Mond entführt mit seinem Glanz
in immer neue kaum erhoffte heiße Träume;
er zieht die Schläfer mit zum wilden Tanz.

VI
Kaum regt ein Lüftchen sich in dieser Zeit
und - fast den Blicken schon entzogen -
ziehn Lämmerwolken ihren hohen Bogen
durch eine ferne Welt im blauen Weit.

Träge träumen und sich treiben lassen,
nur kurz die Augenlider schließen,
die Ruhe ringsumher genießen,
durchs Gras mit beiden Händen fassen.

Es summt das Bienenvolk um unsere Ohren,
Geruch von Honigklee erfüllt die Luft,
der Löwenzahn gibt sich verloren.

Libellen flirren über Teich und Bächen,
betäubend süß entsteigt ein schwerer Duft
den blumenstrotzend bunten Wiesenflächen.

VII

Der Horizont macht sich mit Flimmern breit,
er will uns täuschen, unsere Sinne rauben,
will, dass wir in versteckten Liebeslauben
ganz toll sind vor geheimer Zweisamkeit.

Die sich für dieses Spiel gefunden haben,
die ohne Skrupel, ohne jede Scheu
auf Feldern, Wiesen, ausgelegtem Heu
mit Lust die Körper aneinander laben,

sind wahre Meister dieser Spiele,
denn sie beherrschen deren Regeln gut
und sie erreichen die verbotnen Ziele.

Am Ende wollen sie sich erfrischen,
abkühlen möchten sie das heiße Blut,
wollen es mit Abendwinden mischen.

VIII

Doch nirgends findet sich willkommne Kühle,
nichts frischt die ausgetobten Leiber auf,
selbst der Bach, sonst schnell in seinem Lauf,
bewegt heut nicht einmal die Wassermühle.

Ein Rinnsaal ist, was früher plätschernd lief,
es murmelt durch die Steine nur noch matt.
Im trocknen Bett stehts still, das alte Mühlenrad,
es ist grad so, als ob der Müller schlief.

Und mit ihm schläft das Leben ringsumher,
die hohe Zeit holt ihre Pfänder ein,
das Rad des Lebens dreht sich nurmehr schwer.

Man könnte fürchten, einmal bleibt es stehen
und damit endete dann alles Sein.
Doch heute wird es sich noch weiterdrehen.

IX
Ohne Schatten pulsieren jetzt die Tage.
Wo immer nur ein Platz vorhanden scheint,
der Luft und Frische wohl in sich vereint,
in jeder grünen Hecke, jedem kleinsten Hage

kauert, wer fähig ist, solch einen Ort zu finden.
Jetzt ist es ratsam, der Sonne zu entgehen,,
dann kann man gelassen die Tage überstehen,
derweil sich die anderen in der Hitze winden.

Die Lebensspenderin, wie man sie nennt,
ist wichtig für das Werden und Gedeihen,
solange sie nicht alles nur verbrennt.

Ist ihre Herrschaft viele Tage nicht gebrochen,
kann sie leicht so manches Glück entzweien.
Ein böses Wort wird oft zu schnell gesprochen.

X

Erhitzte Leiber fiebern sich entgegen,
doch Lust verwandelt sich oft zur Gewalt
Dämonen zeigen sich in menschlicher Gestalt,
sie lauern auf den Plätzen, auf den Wegen.

Verwirrung ist in ihren Köpfen, ihren Händen,
sie fordern Opfer und holen sie sich schnell
mit Waffen oder Worten, laut und grell;
die Gier nach Macht sitzt tief in ihren Lenden.

So manches junge Leben wird verschwendet,
weil niemand hilfreich ihm zur Seite steht
und Feigheit sich so schnell nicht wendet.

Wo gestern noch das Leben lieben lernte,
wo heut das Geißblatt sich um Eschen dreht,
ist vielleicht morgen schon zu frühe Ernte.

XI

Sie tun es ohne Skrupel, ohne Frage,
sie scheinen nicht von dieser Welt zu sein,
ihr Geist und ihr Gefühl ist viel zu klein,
ihr Gleichgewicht ist aus der Waage.

Wer mag ihnen denn noch verzeihen,
ihnen die Hand zur Freundschaft recken,
wer ihre üblen Taten, Händel decken?
So kann Gemeinschaft nicht gedeihen.

Wer immer nimmt, anstatt einmal zu geben,
wer nur verdirbt, was er auch irgend fand,
der wird das eigne Leichentuch sich weben.

Die Quellen stillten einst in großen Massen
den Durst von jedem, der am Ufer stand.
Ein Missbrauch hat sie fast versickern lassen.

XII

Kaum ist noch Wasser in den Flüssen,
der Staub hat seine Herrschaft angetreten,
er liegt auf Gräsern und auf bunten Beeten,
die Farbe hat den Kampf verlieren müssen.

Klug ist, wer diese Zeichen richtig deutet,
wie die Platane, die die Blattzahl mindert
und so das Wasser am Verdunsten hindert;
die Feenkatze, die im Tau die Maus erbeutet.

Die Birken machen ihre irdnen Finger länger,
sie saugen jeden kleinen noch so feuchten Rest.
Für Frösche wird das Leben qualvoll enger.

Müde Fische quälen sich in trüben Teichen,
verlassen und zerfallen ist das Storchennest;
Kraft und Lust will aus den Seelen weichen.

XIII
Da fällt ein langersehnter dichter Regen,
ein Vorhang schiebt sich in die Feuerzeit.
Die Szenerie - zum Wechsel stets bereit -
setzt eine neue Feuermacht dagegen.

Aus einem Himmel, der schon müde war,
stürzt sie zur Erde, entreißt sich ihrer Amme,
die sie behütete, die wohlverwahrte Flamme.
Das Leben nimmt des Bruders Grollen wahr.

Ein Tanzen beginnt unter schweren Tropfen,
mit bloßen Füßen und mit nackter Haut,
die Herzen fangen an, schneller zu klopfen.

Ein letztes Mal ertönt die altbekannte Weise,
Blut rauscht durch die Adern wild und laut.
Nur zäh und widerwillig wird es später leise.

XIV

Des Südens Sonne wird nun weichen müssen,
zu bleiben ist nicht mehr die eigne Wahl;
gen Westen segelt schon ihr Schiff zu Tal
und grüßt von fern mit ein paar Regengüssen.

Verdorrt wär alles bald, wenn sie nicht geht
und ihre Strahlen ungehindert Feuer speiten;
sie weiß um diese negativ besetzten Zeiten
und lässt sich deshalb opfern und versteht.

Das Sternenlicht auf schnellen, lichten Bogen
schickt der Himmel ihr und uns zur Nacht.
Am Morgen sind nicht nur Stare fortgeflogen.

Die letzte Glut im Holze glüht noch einmal rot,
ein leiser Wind kam auf, er hat sie wohl entfacht.
Doch wachsam ist der Hüter, ruhig treibt das Boot.

XV

Ein Blütenmeer in einem Farbenwahn -
mit ihm beginnt, was einmal enden muss.
Der Sonnenball mit seinem heißen Kuss
begleitet nun die weitere Lebensbahn.

Der Tageshitze folgt die Nacht mit Schwüle,
kaum regt ein Lüftchen sich in dieser Zeit.
Der Horizont macht sich mit Flimmern breit,
doch nirgends findet sich willkommne Kühle.

Ohne Schatten pulsieren jetzt die Tage,
erhitzte Leiber fiebern sich entgegen,
sie tun es ohne Skrupel, ohne Frage.

Kaum ist noch Wasser in den Flüssen -
da fällt ein langersehnter dichter Regen.
Des Südens Sonne wird nun weichen müssen.

Herbst

Die Spinnen sind es,
die sich treiben lassen, die Brut
war ganz in Seide eingesponnen

I
Des Südens Sonne wird nun weichen müssen,
sie, die im Überfluss uns Lebenswärme schenkte,
das Spiel, das Wachsen, Werden lange lenkte
mit ihren überhitzten tollen Liebesküssen.

Als Abschiedsgruß winkt noch ihr goldner Schein,
der übertüncht das Land mit warmen Streifen,
in denen Korn und Früchte vollends reifen;
die hohe Zeit, sie wird uns unvergessen sein.

Noch scheint ihr Licht durch dichtes Laub,
doch hier und da setzt schon die Färbung ein.
Der Schrei der wilden Gänse macht uns taub.

Hagebutten leuchten fett in ihren Hecken,
Stechäpfel stehen prall am Wiesenrain
und Igel fressen wohlgenährte Schnecken.

II
Letzte Strahlen versüßen uns die Trauben,
sie hängen weiß und blau an dünnen Stielen.
Die frühen Pflaumen wurden reif und fielen
in die flammend orangen Kapuzinerhauben.

Zur Reifung braucht ein jedes seine eigne Zeit.
Solange noch das Füchslein an Mamas Zitze hängt,
wird keiner Gans von ihm ein Federchen verrenkt.
Und der Winterapfel ist lang noch nicht so weit.

Unreifes wird oft zum Zeitvertreib gepflückt,
des Spielens überdrüssig liegts am Wegesrand
im Staub der Straße, vergessen und zerdrückt.

Dem man die Kinderschuhe zu früh entrissen hat,
der wird bei der Suche nach seinem Lebensband
alleine von den Mühen dieser Suche matt.

III
Wein rankt sich purpurrot um Gartenlauben,
ein Pärchen hat sich dort heimlich eingeschlichen.
Kommt der Abenddämmer, ist der Tag gewichen.
Der kühle Wein soll ihre Sinne rauben.

Sie heben ihre Gläser, trinken auf das, was war:
Ein Leben voller Leben; und nichts davon bereut.
Ins Klirren der Kristalle dringt fernes Abendgeläut;
die Liebe währt schon bald an die sechzig Jahr.

Der Laube gegenüber steht ein bewohntes Haus;
die darin heute wohnen, brauchen sie nicht mehr.
Das Licht in allen Fenstern sieht so lebendig aus.

Jetzt legen sie sich Decken auf die Laubenbank,
er nimmt sie in die Arme und zieht sie zu sich her;
gemeinsam trinken sie den letzten goldnen Trank.

IV

Eichhörnchen suchen überall nach Nüssen,
die reif und schwer vom Baum gefallen sind;
erfolgreich wehrten sie sich, bis der Wind
vom Zweig sie riss mit seinen rauen Küssen.

Für viele ist die Schonzeit jetzt vorbei.
Im Morgennebel stehen graue Schatten,
die sich des Nachts sehr gut verborgen hatten.
Das Fieber auf dem Hochsitz macht sich frei.

Was eben noch mit stolz-geweihtem Haupt
die Luft nach Fremdgeruch in seine Sinne sog,
ist bald des eignen Herzschlags ganz beraubt.

Wohl können Hände noch letzte Wärme spüren,
die Seele ahnen, die keine Waage wog -
doch dieser Hirsch wird nie ein Rudel führen.

V

Silbrig zieht ein Hauch durch Gras und Zweige,
die Abendnässe gleicht dem Morgentau,
jetzt suchen alle in dem späten Himmelsblau
ein Dach, ein warmes, in des Tages Neige.

Wohl dem, der zeitig umsichtig gehandelt,
er hat für sich und das ihm anvertraute Leben
mit seinem Willen, seiner Stärke, seinem Streben
den Lebenstraum zur festen Bleibe umgewandelt.

Ein eignes Heim, ein Obdach, wie auch immer,
ein Schutz für eine Zeit, die kalt sein wird und lang.
Es nicht zu haben – ach, was wäre schlimmer?

Allein zu sein. In langen Abenden und Nächten
kein Wort zu hören, keinen vertrauten Klang,
allein nur mit den eignen dunklen Mächten.

VI
Es sind die Spinnen, die sich treiben lassen.
Die Brut war ganz in Seide eingesponnen.
In ihren feinen Fäden glänzen silbern Sonnen,
während die Farben rings um sie verblassen.

Ganz langsam nur - noch kaum zu spüren -
schleicht sich das Grün aus allen Blättern raus,
es zeugt von ihrem endgültigen Aus
die Farbenpracht, in der sie sich verlieren.

Der Laubwald, Hänge, Ufersäume -
Veränderung zeigt überall
ein Meer voll bunter Farbenträume.

Versüßt wird so mit Gelb und Feuerrot
der nunmehr sichtbare Verfall,
der Abschied, schließlich auch der Tod.

VII

Doch erst, wenn Nebel stille Seen umfassen,
wenn abends wilder Bräute Schleier
die Wasser überwehen zur geheimen Feier,
wenn Feenkatzen ihren Platz verlassen,

wenn Gedanken nicht mehr vorwärts streben
und alle Plätze nach und nach verwaisen,
die fernen Freuden nun nach innen reisen,
beginnt die Seele, sich ein Tuch zu weben.

Ein Tuch, das wärmt, das wie ein Mantel schützt,
das wohl bewahrt, was an Erfahrung blieb,
das gegen Unbill jeder Art dem Träger nützt.

Es birgt in sich sowohl die heitren Lieder
des Neubeginns genauso wie den Trieb
der heißen Sonnenglut, den Duft von Flieder.

VIII
Gehts merkbar mit dem langen Tag zur Neige,
lassen die Frösche nachts ihr Quaken sein,
dann stellt das Gras sein Wachsen ein,
doch Pilze schießen hoch durch Moderzweige.

Jetzt wird sich zeigen, obs an Sonnenstrahlen
ausreichend war und nicht zuviel gegeben hat;
es wird auf dieser Erde niemand jemals satt
von leeren Hülsen, trocknen Beerenschalen.

Doch wohin auch das Auge seine Blicke lenkt,
für dieses Mal - so scheint es - ists vollbracht:
Die Erde hat ihr ganzes Füllhorn hergeschenkt.

Sie kennt weder Geiz, noch Hass, noch Gier,
sie gibt stets alles her, ganz unbedacht.
Die Grenzen zogen andre zwischen dir und mir.

IX
Schwer hängt die süße Frucht an jedem Ast,
am Boden liegen schon die ersten Überreifen,
nach ihnen werden Hände kaum noch greifen,
was anderen hingegen bestens passt.

Nicht alle können feine Früchte horten,
doch sind auch längst nicht alle drauf erpicht,
es leistet mancher kleine Wurm Verzicht
zugunsten andrer multschig-fauler Sorten.

Wie Schweine sich im Schlamme suhlen,
so wollen auch die Fliegen sich belohnen
und werden um die besten Plätze buhlen.

Genüsslich schmatzen an gefallner Frucht
die Lippen derer, die ganz unten wohnen
und stillen ihrerseits die Lebenssucht.

X
Geerntet werden Äpfel, Birnen, Quitten,
die reichen schwarzen Dolden des Holunder,
die reifen Beeren, samtnes Pfirsichwunder
und goldne Halme werden jetzt geschnitten.

Zur Erntefeier kommen wir zusammen,
auf Tischen frisches Brot und Honigwein,
rings um den Festplatz Fackelschein.
Das Wildbret dreht sich über heißen Flammen.

Der Jägermond steht groß am Firmament,
ins Sternenbild des Orion mischt er sich ein,
weil er des Schützen Sehnsucht bestens kennt.

Zu Spiel und Tanz, bei Trank und Essen,
soll immer auch die Zeit für eines sein:
Ein Dankeswort – es sei nicht vergessen.

XI

Und auch die Felder werden frei von ihrer Last,
sie können, wollen sich nicht länger wehren,
es fallen Halm für Halm die goldnen Ähren.
Der Schnitter ist ihr letzter Gast.

Wo er sich einlädt, müssen andre gehen,
auch die, die Schutz und Wohnraum fanden
und deren Sippen und Familienbanden
seinen Besuch nicht überstehen.

Der Gast, der nie Geschenke mit sich bringt,
wird selten nur mit Freude aufgenommen.
Kaum einer, der ihm Lobeslieder singt.

Dafür erwartet er kein festliches Gedeck,
kein Sahnestück, verziert, muss er bekommen,
er nimmt, was sich ihm bietet, und wieder ist weg.

XII

Bevor der Sturm die Halme knickt und biegt,
muss jedes Feld schon abgeerntet sein,
müssen die Früchte in die Keller rein,
damit nicht winters alles Leben unterliegt.

Erntefeuer flackern durch die Bäume
und über allen Feldern liegt der feine Rauch
so wie der spürbar letzte warme Abendhauch,
entführt uns in schon fast vergessene Träume.

Die Arbeit ist getan, die oftmals schwere,
nun soll die Fröhlichkeit in alle Herzen ziehn,
es gibt hier keinen Platz für große Leere.

Gemeinsam konnten wir ein Ziel erreichen,
was manches Mal so weit entfernt uns schien.
Die Trübsal blasen, müssen von uns weichen.

XIII
Und Regen dringt in schwachgebaute Hütten.
Jetzt zeigt sich, was zum Bau verwendet;
wer seine Kräfte anderswo verschwendet,
jetzt wird er kommen, betteln, bitten,

wird hilflos auf die dünnen Wände blicken.
Er ists gewiss, dass jemand ihm die Hände reicht,
wobei er selbst sich stets von dannen schleicht
und weiß, sich vor Verantwortung zu drücken.

Es findet immer sich ein Schäfchen, das bereit
und willig mit Rat und Tat an seiner Seite steht.
So wird auch seine Hütte fest zur rechten Zeit.

Und stolz schließt er die Läden fest und dicht,
während ein kalter Wind um alle Häuser weht.
Für dumme Schafe öffnet seine Tür sich nicht.

XIV

In einer Zeit, die zwischen Zeiten liegt,
sitzen wir im trauten Kreis beisammen,
erzählen uns beim warmen Schein der Flammen
vom großen Sturm, der Bäume nicht nur biegt.

Wir trinken auf die Freunde, die mal waren,
vergessen sind sie nicht, doch lange fort,
befinden sich an dem geheimen Ort,
zu dem wir alle irgendwann hinfahren.

Mitunter, wenn sich jene Schleier heben,
erblicken wir die Lieben und Vertrauten,
es ist grad so, als ob sie alle bei uns leben.

Wir füllen unsre Räume mit alten Melodien,
erfreuen uns an Weisen mit den leisen Lauten
und halten unsere Kinder geborgen auf den Knien.

XV

Des Südens Sonne wird nun weichen müssen,
letzte Strahlen versüßen uns die Trauben,
Wein rankt sich purpurrot um Gartenlauben,
Eichhörnchen suchen überall nach Nüssen.

Silbrig zieht ein Hauch durch Gras und Zweige;
es sind die Spinnen, die sich treiben lassen.
Doch erst, wenn Nebel stille Seen umfassen,
gehts merkbar mit dem langen Tag zur Neige.

Schwer hängt die süße Frucht an jedem Ast,
geerntet werden Äpfel, Birnen, Quitten
und auch die Felder werden frei von ihrer Last,

bevor der Sturm die Halme knickt und biegt
und Regen dringt in schwachgebaute Hütten
in einer Zeit, die zwischen Zeiten liegt.

Für Katinka,
Susan,
Heidi and
Hayley

Nearly a prayer

Every tree has a soul,
every flower, that grows,
every meadow, which greens
every river, that flows.
And even a stone
has a name of it's own.
A tiny flee
and the bumblebee,
each single blade of grass,
the swimming fish,
every humans wish
and the clouds filled with rain -
on Mother Earth we will remain
till the day we are called
to a land unknown.
No more question answered,
no more suffer or frown.
The stars seem desireable,
and may be they are,
but a long way to go.
No one travels so far.
Only here can we breathe
on this precious ground.
The Mother of all -
she takes care all around.
My job left to do:
maybe rescue a bee -
as a mater of fact
nothing else bothers me.